AF469669

Lille 16 Décembre 89.

99P

VILLE DE LILLE

CATALOGUE

DE LA BELLE COLLECTION

D'ANTIQUITÉS

De M. le Comte VERGER DU MONTHIER

ARMURES, ARMES, TAPISSERIES, ÉTOFFES, CÉRAMIQUES, ARGENTERIES, BANNIÈRES DÉCORATIVES

ENCHÈRES PUBLIQUES

En l'Hôtel des Ventes, rue Jean-Roisin, 10

Les Lundi 16, Mardi 17, Mercredi 18 Décembre et jours suivants s'il y a lieu, à 2 heures de relevée, par le ministère de Mᵉ PAUL DESMOTTES, *commissaire-priseur, assisté de* Mᵉ HERMANN VAN DUYSE, *expert.*

EXPOSITIONS

Particulière, le Samedi 14 Décembre 1889
Publique, le Dimanche 15
De 10 heures à 4 heures de relevée.

Paul DESMOTTES
Commissaire-Priseur
67, RUE PRINCESSE, 67
LILLE

Hermann VAN DUYSE
Expert
RUE COURTE DES VIOLETTES
GAND

Le présent catalogue assurera aux amateurs l'accès de l'Exposition particulière.

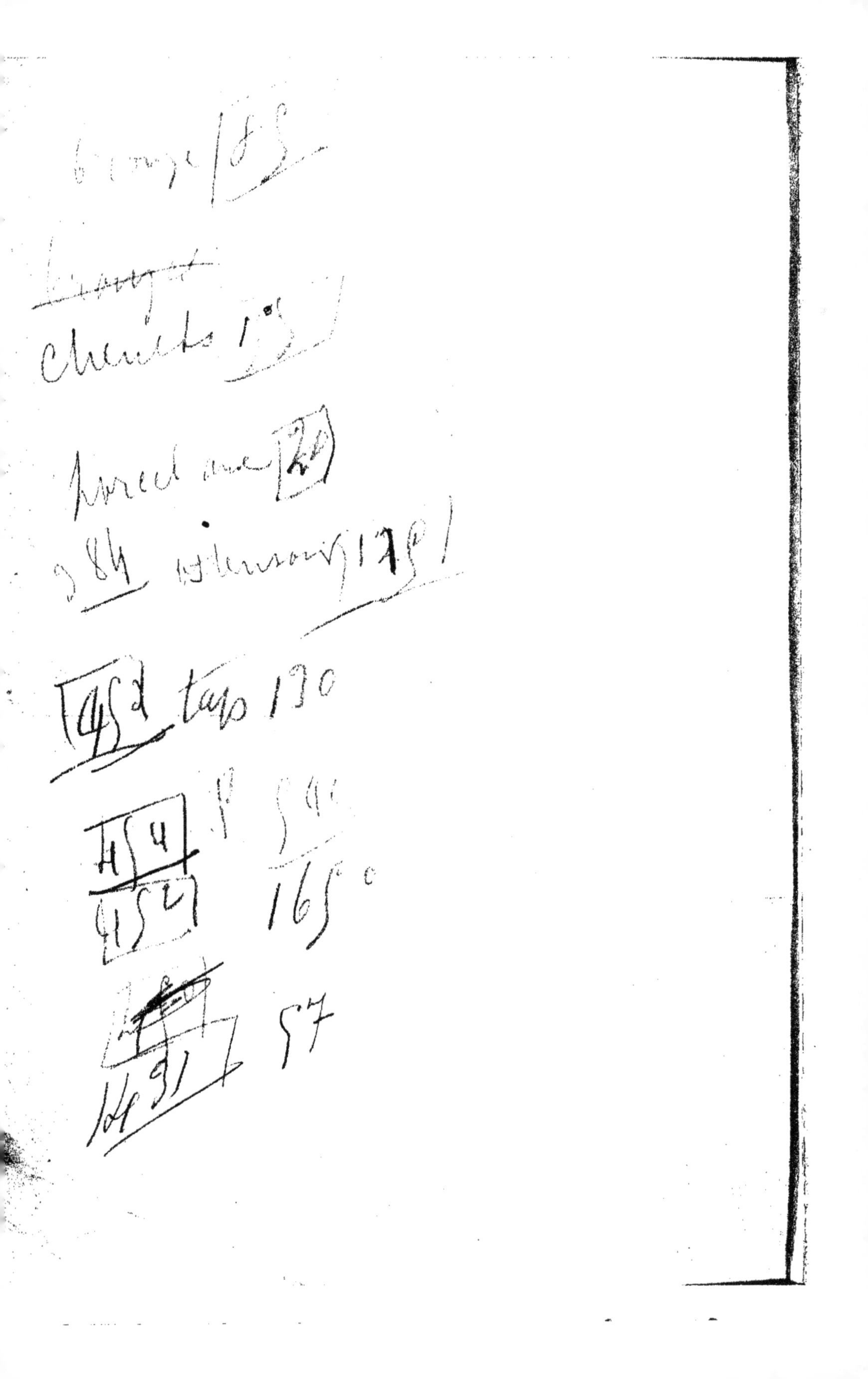

Change | 8 S

~~Change~~

Cheveks 1 S

Pored ave 20

784 [illegible] 1791

452 taps 190

454 8 5 40

452 165 0

57

1491

VILLE DE LILLE

CATALOGUE

DE LA BELLE COLLECTION

D'ANTIQUITÉS

De M. le Comte VERGER DU MONTHIER

ARMURES, ARMES, TAPISSERIES, ÉTOFFES, CÉRAMIQUES, ARGENTERIES, BANNIÈRES DÉCORATIVES

ENCHÈRES PUBLIQUES

En l'Hôtel des Ventes, rue Jean-Roisin, 10

Les Lundi 16, Mardi 17, Mercredi 18 Décembre et jours suivants s'il y a lieu, à 2 heures de relevée, par le ministère de Me PAUL DESMOTTES, *commissaire-priseur, assisté de* Me HERMANN VAN DUYSE, *expert.*

EXPOSITIONS

Particulière, le Samedi 14 Décembre 1889
Publique, le Dimanche 15
De 10 heures à midi et de 2 à 4 heures de relevée.

Paul DESMOTTES	Hermann VAN DUYSE
Commissaire-Priseur	Expert
67, RUE PRINCESSE, 67	RUE COURTE DES VIOLETTES
LILLE	GAND

IMPRIMERIE JULES PETIT-RAGOT, RUE DE LA GARE, 16, LILLE.

CONDITIONS DE LA VENTE

La vente sera faite au comptant.

Les acquéreurs payeront, en sus du prix des enchères, dix pour cent affectés aux frais de vente.

Ils seront tenus de faire enlever les objets acquis par eux dans les vingt-quatre heures.

Les tares dépréciant les objets mis en vente, étant, autant que faire se peut, indiquées au présent catalogue, l'exposition mettant, en outre, le public à même de vérifier la nature et l'état des lots, le vendeur ne pourra admettre aucune réclamation, une fois l'adjudication prononcée.

L'ordre de vente sera suivi le plus régulièrement possible; toutefois, le vendeur se réserve le droit de l'intervertir s'il le jugeait nécessaire.

Pour toute demande de renseignements ou pour tout ordre d'achat, s'adresser par écrit à M. Hermann Van Duyse, expert, Hôtel des Ventes, rue Jean-Roisin, 10, Lille

Les commissions sont exécutées à titre gratuit.

Les frais d'expédition demeurent à charge de l'acquéreur.

ORDRE DE LA VENTE

Lundi **16 :** *Céramiques diverses, armes et armures.*
Mardi **17 :** *Armes.*
Mercredi 18 : *Armes, étoffes et boiseries.*

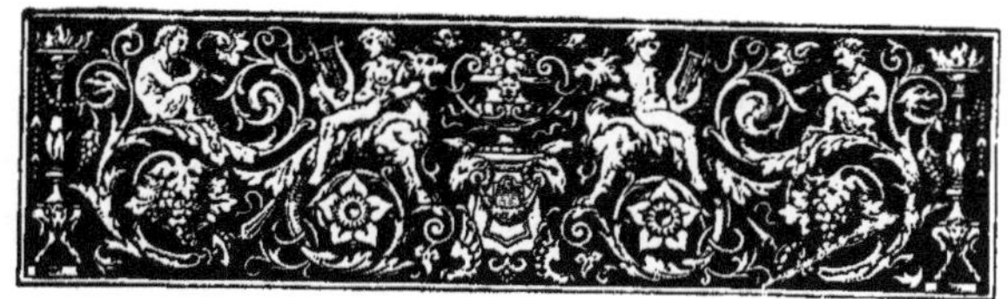

ARMURES, DEMI-ARMURES

1. Magnifique ARMURE milanaise du XVIe siècle, complètement couverte d'arabesques exécutées finement, en gravure, avec fonds dorés, sur bandes repoussées au marteau : élégant armet avec vantail percé de regards disposés en étoile : solerets en bec de cane, garde-reins en maille à grains d'orge en parfait état ; rest. H. : 1.90.

2. ARMURE complète dont toutes les parties sont finement gravées d'arabesques dans le goût des pièces milanaises du XVIe siècle. Cuirasse bombée rappelant la forme des maximiliennes ; garde bras aux épaulières, gantelets forme miton, tassettes, cuissards et grèves complètes se terminant par des sollerets en bec de cane. Le vantail du casque est cannelé transversalement.

3. ARMURE complète en acier poli, époque de François Ier, travail milanais, des cordons en saillie terminés par des médaillons ornent toutes les parties de cette armure en parfait état de conservation. Cuirasse à pansière et côte médiane en forte saillie, faucre à ressort ; solerets à bec demi-rond ; couvre braguette en maille à grain d'orge. H. : 1.85.

4. ARMURE de cavalier Louis XIII, dite à écrevisse. Cuirasse à arête médiane, à l'épreuve de la balle, ornée de lignes ciselées ; grandes épaulières ; brassards et gantelets ; longs cuissards à genouillères, cloutage de laiton. Le casque à visière et à vantail cloisonné, est décoré d'une haute crête au sommet de laquelle se trouve un porte panache. Cette partie de l'armure est apparentée avec les casques polonais de la même époque. H. : 1.35.

5. Bonne DEMI-ARMURE d'homme de pied, 2e moitié du XVIe siècle, fourbie au clair. Armet avec gorgerin articulé, larges épaulières, avec cubitières ; canon d'avant-bras et gantelets à doigts séparés, tassettes articulées. H. : 1.10.

6. DEMI-ARMURE de lansquenet, composée d'un corps de cuirasse, d'un colletin avec épaulières descendant jusqu'aux coudes, cuissards tombant jusqu'aux genoux ; bourguignote à haute crête. Décor de bandes en creux, polies, alternant

avec des champs noircis. Pointe en forte saillie au thorax de la cuirasse; poinçon de Nuremberg au casque. H. : 1.25.

7. DEMI-ARMURE d'homme de pied, française, époque de François Ier. Grandes épaulières avec cubitières d'une pièce, tassettes et gantelets; armet fermé avec gorgerin articulé, acier poli. H. : 1.10.

8. DEMI-ARMURE de lansquenet en acier poli, décor de bandes repoussées en saillie avec filets ciselés: garde aisselles mobiles, colletin articulé et épaulières descendant jusqu'aux coudes : bourguignotte avec visière proéminente. H. : 1.30.

9. DEMI-ARMURE de carabinier français, époque Louis XIII, forme dite : hongroise: bassinet à nasal en fleur de lis, oreillettes et couvre nuque, à l'épreuve de la balle, cuirasse idem. Grandes épaulières avec rosaces de clous et filets ciselés. Sur le garde-saignée des cubitières, poinçon : *deux clefs en sautoir*. H. : 1.10.

10. DEMI-ARMURE de reître Louis XIII, acier poli, plastron à arête vive se terminant en éperon court, tabule vissée à écroux, deux longues jambières, dites : écrevisses braconnière articulée, épaulières, brassards et gantelets; armet avec vantail à grille. H. : 1.35.

11. PLASTRON de CUIRASSE d'adolescent, Louis XIII, avec tassettes, décor de clous disposées en rosaces, et de bandes dorées sur fond noirci. Jolie pièce d'une bonne conservation, qu'accompagne

un petit armet décoré de bandes gravées de rinceaux et de liserés en dorure, H. du plastron et des tassettes : 0.50 ; du casque : 0.23.

12. DEMI-ARMURE d'adolescent de la 2me moitié du XVIe siècle en acier poli ; cuirasse avec faucre, épaulières à grandes cubitières, brassards complets et gantelets. Cuissards avec genoux. Casque de joute fixé au colletin par un collet en goutière. H. : 1.40.

13. DEMI-ARMURE de reître, suédoise, époque de la guerre de Trente ans. Corps de cuirasse, tassettes et épaulières, en acier bleui, formés de bandes articulées et dont un système de courroies rivées assure le jeu. Le casque manque. Rest.

14. Lourd DEVANT de CUIRASSE suisse, table bombée avec arête médiane formant éperon au centre du thorax. Passe-col formant un bourrelet, garde aisselles mobiles.

15. PIÈCE ANALOGUE avec bandes articulées à la partie inférieure, formant braconnière ; goussets articulés. Au sommet du thorax un boulon à mortaise ayant servi à fixer une pièce de renfort.

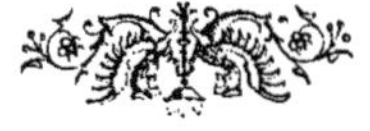

CASQUES, RONDACHES, DIVERS

16. ARMET français du XVIe siècle complètement battu à cannelures longées par des lignes ciselées et ornées d'un léger décor au burin; la crête forme, au sommet du timbre, une sorte d'ogive que termine le porte panache; cloutage de cuivre.

17. BOURGUIGNOTTE acier poli, XVIe siècle.

18. ARMET de cuirassier, fer noirci avec bandes dorées, commencement du XVIIe siècle.

19. ARMET de cavalier, vantail et visières placés à angle droit, XVIe siècle.

20. CABASSET espagnol en acier poli, du XVIe siècle avec visière circulaire pliée en berceau; ergot au sommet du timbre.

21. Idem, français, visière perpendiculaire à la base du timbre.

22. TIMBRE avec couvre-nuque d'un cabasset du commencement du XVIe siècle, la visière et les oreillettes manquent.

23. PIÈCE analogue.

24. BOURGUIGNOTTE de lansquenet portant le poinçon de Nuremberg ; décor de bandes polies alternant avec des champs noircis, XVIe siècle.

25. CABASSET italien en acier poli, deux oreillettes, visière et couvre-nuque, ergot au sommet du timbre.

26. PIÈCE analogue.

27. Petit CHAPEAU D'ARMES flamand, du XVIe siècle, visière circulaire, timbre cannelé, pièce d'une jolie forme ; acier poli.

28. Petit CHAPEAU analogue, mineur français, époque Louis XIV, acier poli.

29. CALOTTE d'un casque de la forme dite hongroise, avec nasal et couvre nuque. Les jugulaires manquent.

29 bis. CASQUE de cérémonie vénitien d'une forme archaïque, rappelant les casques des doges au XVe siècle. Garniture d'ornements en fer battu et doré se détachant sur un fond de velours rouge marouflé sur fer.

30. TIMBRE, avec couvre nuque d'un seul morceau, d'un casque de tournoi, pièce inachevée en fer forgé.

31. FRAGMENT d'un caparaçon de cheval sarrazin, travail de mailles et de plates dit : à miroirs.

32. CORPS de CUIRASSE d'armure de janissaire, du XVIIe siècle; miroirs circulaires cannelés, avec mailles à grain d'orge et de plates; poinçon avec le signe : *Allah*.

33. TIMBRE conique de la même provenance et époque.

34. BRASSART avec son épaulière, type du XVIe siècle, décoré de gravure à l'eau-forte, en style François Ier.

35. Idem, du XVIe siècle, sans épaulière.

36. BRASSART d'une armure d'enfant, XVIe siècle.

37. MITON d'une armure de lansquenet, XVIe siècle, bandes polies et champs noircis.

38. GANTELET d'une armure de cuirassier, grande manchette, XVIe siècle, poinçon.

39. RONDACHE en fer forgé, du XVIe siècle, décor de bandes tracées au burin. Pièce à l'épreuve du mousquet. Diam. : 0.55.

40. RONDACHE de combat de la même époque. Des cannelures étroitement rapprochées rayonnent sur toute la superficie; au centre un ombilic, avec pointe d'acier. D. : 0.53.

41. JUSTAUCORPS en peau de daim d'un officier de mousquetaires, Louis XIII; quelques broderies de soie forment décor, conservation parfaite; grande taille.

42. COTTE de MAILLE du xvie siècle avec manches, travail à maillons plats doubles, rivés à grain d'orge; grande taille; s'ouvre sur la poitrine.

43. Idem. Idem, porte le poinçon d'épreuve de Chambly.

44. COLLETIN Louis XIII à placer par dessus le corps de cuirasse, cloutage de cuivre.

45. ÉCUSSON en fer repoussé, du xviie siècle. (Touraine).

ARMES DE HAST

46. GUISARME du xve siècle. La lame mesurant 80 centimètres porte un crochet vers le haut du taillant, et au revers une pointe, deux arêtes sont placées à la base de l'arme près de la douille. Traces de poinçon.

47. ARME analoge : la lame mesure 90 cent.

48. ARME analogue, robuste pièce de forge; au dos, un poinçon en forme d'étoile; la lame mesure 90 c.; parfaite conservation ; marque figurant une tête de mort sur la hampe.

49. ARME analogue italienne de la fin du xve siècle, les crocs sont bien forgés à hastes quadrangulaires; manchons de laiton à la base ; une gravure grossièrement tracée figure des lions issant, oiseaux, etc. Long. : 0.80. Belle hampe cloutée de cuivre.

50. ARME analogue, commencement du xve siècle, gravures au poinçon sommairement exécutées; hampe sculptée, la lame mesure 90 cent.

51. Petit RANCON français du xve siècle. Longueur de la lame 0.25.

52. Idem. Le crochet au dos en forme de fleur de lis, décor gravé. H. : 0.27.

53. Grande HACHE de guerre (*Streitaxe*) saxonne; large lame aigue du haut, déjetée à l'extérieur de l'axe de la hampe; grossier décor de gravure. H. : 0.40.

54. ARME analogue, poinçon 4 fois répété. Lame, 0.50.

55. Sorte de HALLEBARDE faite d'une gaffe de marin, arme populaire, époque indéterminée.

56. HALLEBARDE suisse de la fin du xve siècle, large hache à pans carrés, crochet au dos, haste en forme de glaive au sommet. Lame avec ses palettes d'attache, mesure 1 m. 10.

57. HALLEBARDE allemande, du milieu du xvie siècle. H. : 1.10.

58. Idem du commencement du xvie siècle, forme encore gothique, poinçon représentant une figure humaine, quatre poinçons de laiton dans le plat de la hache. H. : 0.70.

59. Idem du milieu du xvie siècle, cloisons en forme de trèfle dans la hache et le crochet. Jolie forme. H. : 0.70.

60. Idem. Idem.

61. HALLEBARDE allemande, du milieu du XVIe siècle, hache découpée en croissant avec crochet curviligne, décor de trous forés. H. : 1.00.

62. Idem, hache à pans droits d'une forme élégante. H. : 1.00.

63. ARME analogue. Hache en forme de large croissant avec crochets repliés, poinçon figurant un cœur; très longue haste quadrangulaire. Long. : 1.35.

64. Idem italienne de forme élégante, complètement gravée au burin. Long. : 0.90.

65. Idem. Bonne gravure et pièce de forme.

66. Idem allemande. Croissant et aileron recourbé, percé d'un cloisonnage en forme de trèfle, courte haste quadrangulaire, conservation remarquable.

67. Idem italienne gravée. Hastes forgées à pans carrés.

68. Idem. Large hache en croissant, longue haste, 1.30.

69. Idem allemande. Large croissant, aileron en long croc, grande haste. Long. 1.50, conservation parfaite.

70. Idem italienne. Forme analogue à la pièce précédente, mêmes dimensions.

71. Pièce analogue au n° 70. Poinçon un écusson accosté d'une étoile et de la lettre C, mêmes dimensions.

72. HALLEBARDE italienne du XVIe siècle. Beaux ailerons découpés et couverts de gravures représentant des entrelacs entourant des médaillons avec figures humaines au bas de la haste, manchon ciselé à côtes torsadées, 1.15.

73. HALLEBARDE française du XVIe siècle. Ailerons découpés en jolis dessins avec cloisons découpées, figurant des cœurs et des fenestrages, longue haste. Long. 1.40.

74. Idem. Douille forgée à pans, ailerons découpés en forme d'aigles chimériques, décor de traits burinés. L. : 0.90.

75. Idem, époque François Ier. Décor analogue, crochet recourbé, décor buriné. L. : 0.80.

76. Idem, italienne. Trace de gravure, manchon forgé à la base de la longue haste ; ailerons curvilignes. Long. : 1.20.

77. Idem, française. Analogue au no 75, longue haste quadrangulaire.

78. Idem, avec crochet d'escalade, et haste à pans adoucis.

79. Idem. Idem. Idem.

80. Belle HALLEBARDE italienne, milieu du XVIe siècle; à large croissant découpé en fenestrages; crochet curviligne, également ajouré. Au sommet des ailerons, un manchon formé de six mascarons à tête humaine, surmonté d'une longue haste à pans adoucis. L. : 1.20.

81. Idem, française. Commencement du XVIe siècle avec décor buriné; les ailerons sont surmontés de figures ciselées supportant un manchon sphérique ciselé de mascarons à figures humaines et feuillages; grande haste de coupe quadrangulaire. H. : 1 m.

82. Belle HALLEBARDE française, de facture moins recherchée.

83. Idem, analogue au n° 75.

83bis HALLEBARDE italienne. Ailerons découpés et ciselés.

84. Belle PERTUISANE italienne gravée et dorée, du XVIe siècle de la forme dite : langue de bœuf. Courts ailerons à crochets renversés à la base, côte saillante médiane dans toute la longueur de la lame qui mesure 70 cent: avec les palettes d'attache, 1m20 ; le décor a souffert, la pièce a gardé son crochet d'escalade.

85. Idem. Très belle pièce de forge creusée de gouttières, décor de gravures au burin, sur fond doré et bleui. H. : 1.20.

86. PIÈCE analogue, gravure usée.

87. PERTUISANE allemande, décorée d'un grossier décor de figures burinées, crochets doubles. H.: 0.80.

88. PERTUISANE à larges ailerons en forme de croissant, large lame à pans adoucis, poinçon : une lune, traces d'un blason armorié. H. : 1 m.

89. Idem, allemande, du commencement du XVIe siècle. Longue lame en forme de pique, pans adoucis. Trace de poinçon.

90. Idem. Quatre ailerons formant deux croissants superposés et placés en sens inverse.

91. Très belle PIÈCE italienne du XVIe siècle. Grands ailerons infléchis dans le sens de la hampe, petits

ailerons relevés vers la pointe, côte médiane en forte saillie ; fines gravures d'arabesque avec devises latines, inscription sur ajoutée : *Vive le Roy*, avec les initiales I D B et trois merlettes blasonnant, : deux et une. L.: 0.90. Très bon état.

92. CORSÈQUE du XVIe siècle à larges ailerons terminés par des griffes aigues, haste quadrangulaires. Long. : 1.20.

93. Pièce analogue

94. Idem, idem.

94bis COUTEAU de brèche fer forgé, suédois. Au dos de la lame, une sorte de croissant quelques ciselures en forte saillies, douille forgée à pans.

95. RONCONE italien du XVIe siècle, de la forme dite : feuille d'hortie. Les deux ailerons ainsi que la lame centrale sont renforcés d'une baguette forgée traçant une côte en saillie sur chaque face. Long. : 0.55.

96. RONCONE analogue, très belle pièce de forge.

97. Idem du commencement du XVIe siècle. Travail moins soigné ; longue haste à pans adoucis; ailerons formant un angle peu ouvert. Long. : 1 m.

98. Idem. Ailerons en croissant recourbés dans le sens de la haste et aiguisés dans les deux sens. La lame, à douille, sans palettes, mesure 0.90.

99. ARME analogue. Le croissant et la base de la haste sont gravés, au burin, de trophées, dans le goût italien du XVIe siècle.

100. ARME analogue, sans décor.

101. FOURCHE fière, italienne du XVIe siècle. Bonne pièce de forge bien modelée; la longue haste, à pans carrés, placée au centre du trident, est ornée d'une sphère et de cannelures. L. : 0.60.

102. Idem, idem. sans la sphère.

103. FOURQUINE Porte-mèche d'artilleur du XVIe siècle, pointe quadrangulaire.

104. Idem. Idem.

105. Idem. Idem.

106. Idem. Idem. Pointe en forme de petite javeline.

107. HALLEBARDE française du XVIIe siècle. Haste platte, ailerons en hache, formant croissant, crochet aigu. L. : 1 m.

108. HALLEBARDE savoisienne de la 2me moitié du XVIe siècle. Haste flamboyante, hache de forme spatuleuse, crochet composé de trois lames formant trident et dont les deux extérieures sont, comme la haste, de forme flamboyante. Formant décor, l'écusson de Savoie couronné et entouré d'un cable noué ; belle hampe, dans son état primitif, cloutée de cuivre et d'appliques, id. figurant la croix de Savoie.

109. Idem. Légère restauration.

110. PERTUISANE savoisienne de la 2e moitié du XVIe siècle avec un seul aileron. Superbe décor de rinceaux gravés au burin. Sur une face le

chiffre de Victor Amédée, sur l'autre, ses armoiries. Hampe cloutée de rosaces de cuivre estampées dans l'état primitif.

111. Idem. Idem.

112. Bel ESPONTON hanovrien du XVIIIe siècle. Large spatule gravée de trophées d'armes.

113. ESPONTON français, époque Louis XIV. Deux ailerons bifurquant en sens inverse.

114. Idem autrichien. Larges ailerons en croissant, à la base; gravure; le double aigle, des trophées d'armes, et des armoiries abbatiales, fin du XVIIe siècle.

115. Joli ESPONTON d'officier. Travail allemand du XVIIIe siècle, trophées d'armes et rinceaux gravés sur toute l'étendue de la pièce, belle dorure.

116. Petit ESPONTON français du XVIIe siècle.

117. Idem. Louis XIV.

118. Idem. Trace de gravure, fin du XVIIe siècle.

119. ESPONTON bavarois. Chiffre princier et légende : *carl. Aug. May. v. b. Durlach. régiment.* décor au repercé, au bas de la lame.

120. Petit ESPONTON français, fin du XVIIe siècle. Ailerons dorés au feu, côtes à pans adoucis.

121. Joli JAVELOT de joûte français du XVIIe siècle. Fin décor de rinceaux de fleurs et feuillages burinés, dorure au feu; petite fourquine à la douille Parfaite conservation.

122\. ÉPIEU de chasse du XVIe siècle. Deux ailerons, renversés dans le sens de la pointe, forment arêtes ; haste en forme de javelot.

123\. LANCE du XVIe siècle. Haste large, portant à la base deux croissants alternant et formant un double harpon de chaque côté de la lame. Bonne pièce de forge.

124\. LANCE épieu de veneur. Pièce hollandaise du XVIIe siècle d'une forme originale. Un couteau dont la gaine forme douille est adapté à une hampe, s'ouvre et, se fixe, à l'aide d'une forte virole, de façon à former lance.

125\. JAVELOT de joûte, Louis XIV, aux armes de France. cette pièce est adaptée à un petit fanion moderne.

126\. Idem. Décor de fleurons, id., id.

127\. Lot de LANCES à diviser.

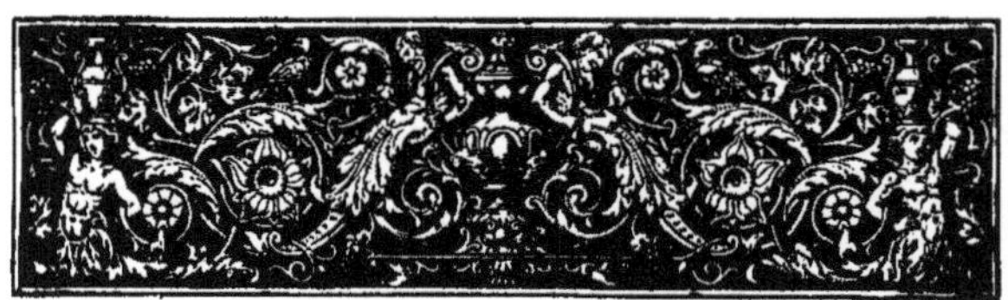

ESPADONS A DEUX MAINS
RAPIÈRES ET ÉPÉES

128. Grand ESPADON à deux mains suisse du XVIe siècle; Lame à pans adoucis tranchante de deux côtés, sauf au talon quadrangulaire sur une soixantaine de centimètres et formant une seconde garde, protégée par deux crochets infléchis vers la pointe. La garde à double anneau a des crochets de parade et ses quillons se terminent par des fleurs de lis ; fusée primitive en bois marouflé de cuir. H. : 1. 80.

129. Idem du commencement du XVIe siècle. Belle lame à pans adoucis, même disposition au talon de la lame que pour la pièce précédente ; marque figurant d'un côté un fleuron, de l'autre, in-

crustée en cuivre rouge, une représentation du globe terrestre. Belle garde forgée à volutes et ciselée ainsi que le pommeau. Fusée ancienne. H. : 1.65.

130. ÉPÉE à deux mains. Pièce décorative.

130bis ÉPÉE à deux mains, Idem.

131. Idem.

131bis à 132bis ESPADONS à deux mains, Idem. Lot à diviser.

132. Idem à lame flamboyante portant des gravures aux armes de Berne. Courte garde, bon pommeau ciselé du xvie siècle.

. ˙ .

133. Bel ESTOC de guerre du xve siècle. Pommeau discoïde buriné d'une étoile; fusée garnie de peau. quillons forgés à pans et tordus en S très ouvert: lame quadrangulaire et aigue, sauf au talon. où elle est arrondie sur une longueur d'une dizaine de centimètres. L. : 1.20. Belle arme, rare et en bon état.

134. ESPADON d'homme de pied du xvie siècle, saxon. Pommeau conique, coquille de branches repliées, pas d'âne. longs quillons droits et aplatis en losange, belle lame avec gouttière, ornée de poinçons. Long. : 1.15.

135. ESTOC de cavalier. Lourd pommeau taillé à pans, fusée de fil d'archal tordu, quillons infléchis en

sens inverse ; pas d'âne garni d'une plaque repercée ; quatre branches repliées forment la garde, trois branches de contre-garde rejoignent la branche qui touche au pommeau ; lame à gouttière, poinçon italien au talon. L. : 1.20.

136. ÉPÉE de cavalier de la seconde moitié du XVIe siècle. Travail italien ; pommeau en forme de vase à pans coupés, sculpté d'un muffle de lion, les branches de la garde portent des fleurons ciselés ; un seul quillon placé au revers de la pièce s'infléchit vers la pointe ; pas d'âne ; branche de garde rejoignant le pommeau, trois branches de contre-garde, fusée ancienne. H. : 1.20. Poinçon, au talon la lettre B, bonne fusée ancienne. L. : 1.20.

137. ÉPÉE analogue. Toutes les branches de la garde sont ciselées en torsade, et leurs extrémités sont ornées de fleurons ainsi que le pommeau ; poinçon : un A gothique, au talon. L. : 1.20.

138. ÉPÉE analogue, du XVIIe siècle. Pommeau piriforme, taillé à côtes, quillons et branches en acier poli. Poinçon, au talon : un A gothique. L. : 1.20.

139. ÉPÉE analogue, flamande, de la 1re moitié du XVIe siècle. La garde formant panier est formée de trois branches forgées à grelots, qui se rattachent au pas d'âne et dont les deux extérieures se terminent par une volute. Les quillons droits sont ornés, au bout, de boutons en olive ; pommeau ovoïde ; filigrane de fusée ancienne.

140. Belle ÉPÉE de ville de la 2e moitié du XVIe siècle. Pommeau taillé à côtes et ciselé de torsades qui se retrouvent sur toutes les parties de la garde, composée de branches aplaties, renflées au milieu et décorées de rosaces d'un joli effet décoratif. Belle lame signée dans la gouttière et au talon du nom d'Antonio Pichino, poinçonnée en outre de son monogramme. L. : 1.25.

141. Grand ESTRAMAÇON de cavalier comm. du XVIIe siècle. Garde symétrique formée de coquilles insérées dans des branches qui rejoignent le pommeau taillé à côtes. Quillons tordus en S. Large lame portant l'inscription : *Vira. de. Portugal. dona. Maria.* L. : 1.15.

142. ÉPÉE de cavalier. Pommeau sphérique aplati, quillons et branche de garde torsadés. Parties refaites,

143. ÉPÉE saxonne du XVIe siècle. Garde symétrique formant treillis et rejoignant le pommeau, pas d'âne, quillons aplatis, pommeau en forme de poire conique taillée à pans. Quelques ciselures. Lame longue à double gouttière. Long. : 1.25.

144. ÉPÉE analogue.

145. ÉPÉE italienne du XVIe siècle. Pommeau à côtes, fusée en fer forgé, id.; branche de garde dont un quillon se relève vers le pommeau et dont l'autre fléchit vers la pointe, ciselures représentant des figures humaines. au talon la signature de Caino, armurier célèbre de Brescia. H. : 1.20

146. Copie d'un ESPADON espagnol du XVIIe siècle.

147. Petite ÉPÉE allemande du XVIIe siècle, mauvais état.

148. ESTOC de duel italien du XVIIe siècle. Pommeau à côtes, quillons et branche de garde ciselés aux extrémités ; coquille pleine, burinée au trait, lame cloisonnée.

149. Idem, coquille ciselée.

150. Idem, idem, ciselée à jours, lame tolédane, contre-plaque à l'intérieur de la coquille.

151. Idem, coquille lisse, avec rebord en saillie, pommeau circulaire surbaissé.

152. ÉPÉE analogue. Partie refaites, lame cloisonnée.

153. ÉPÉE de piéton bavaroise de la fin du XVIe siècle. Pommeau ciselé en muffle de lion, quillons renversés, ciselés de même ; pas d'âne trilobé se rattachant aux branches de garde qui forment une coquille rattachée au pommeau ; lame à dos carré et à pans adoucis, poinçon au talon.

154. RAPIÈRE portugaise du commencement du XVIIIe siècle. Lame tolédane.

155. Idem, flamande de la 2e moitié du XVIe siècle. Coquilles à peu près symétriques, finement ajourées d'étoiles ; quillon en volute incliné vers la pointe, branche de garde vissée au pommeau, belle lame tolédane de Sahagom. L. : 1.

156. Idem.

157. ÉPÉE de garde wallonne du XVIIe siècle. Coquilles symétriques ciselées, courts quillons terminés

par des boutons, branche de garde renflée en double grelot, pommeau rond, fusée en torsade. Long. : 1.

158. Idem, deux branches, un quillon, anneau de pouce, lame tolédane.

159. ÉPÉE bavaroise analogue, XVIIe siècle, deux branches de garde avec branche de raccord transversale, pommeau de cuivre orné d'un muffle de lion, lame à quatre pans.

160. ÉPÉE analogue, suédoise, époque de la guerre de Trente Ans. Branches plattes un peu ciselées, garde bien forgée, lame à coulisses.

161. ÉPÉE analogue.

162. Idem de garde wallonne. XVIIIe siècle.

163. Idem du XVIIe siècle.

164. Idem suédoise.

165. Idem.

166. Idem wallonne du XVIIe siècle, à gros boutons et courts quillons renflés.

167. ÉPÉE de duel d'un type analogue à l'épée précédente. Lame à fort talon, coulisse et poinçon un A gothique.

168. ÉPÉE de garde française. Fusée Louis XIV, de rencontre, belle lame gravée, signée *Willette. Pont St-Michel, à Paris*, et *Solingen*.

169. Petite ÉPÉE d'un bas officier de garde wallonne du XVIIIe siècle. Une des branches de garde se replie à l'aide d'une charnière; traces de dorure.

170. SABRE de soldat de garde wallonne.

171. ÉPÉE de garde wallonne du XVIIe siècle. Deux larges coquilles percées de trous en étoile.

172. CLAYMORE du XVIIIe siècle à garde forgée couvrant complètement la main, plaques cloisonnées, lourde lame creusée d'une gouttière. Long. : 1.20.

173. Idem, large lame de Van Moen de Solingen.

174. Idem, avec légende *in toledo.*

175. ÉPÉE de garde wallonne, du XVIIIe siècle. Lame de rencontre, bien gravée, avec légende : officier de dragons de France, les fleurs de lis et une adresse de fourbisseur : Giverne, etc..

176. Belle ÉPÉE dalmate, branches plates et ciselées.

177. Idem. Belle corbeille.

178. ÉPÉE analogue.

179. Idem.

180. Idem.

181. Idem.

182. Idem.

183. Idem.

184. Idem.

185. Idem.

186. Idem.

187. ÉPÉE pisane du XVIe siècle. Deux quillons doubles infléchis vers la pointe, lourd pommeau ovoïde, coquille cannelée.

188. ÉPÉE analogue.

189. Idem.

190. Idem, coquille grossièrement ciselée rejoignant le pommeau.

191. ÉPÉE analogue. Parties refaites, points damasquinés.

. ˙ .

192. ÉPÉE de duel Louis XIII. Garde d'acier poli, pommeau ovoïde, taillé en facette, deux courts quillons, deux coquilles hémisphériques, symétriques; lame quadrangulaire. Long. : 1.

193. ÉPÉE analogue. Coquilles travaillées au repercé; lame de carrelet gravée dans le style de Solingen, avec devises latines et arabesques.

194. Petite RAPIÈRE de duel, portugaise, du commencement du XVIIIe siècle; lame de carrelet, coquille pleine.

195. ÉPÉE de ville Louis XIV. Garde en acier, à coquilles symétriques. Quelques ciselures à la garde et au pommeau.

196. ÉPÉE de ville Louis XIV. Poignée d'acier ciselé avec branche de garde.

197. Petite EPÉE Louis XIV. Garde en fer noirci, damasquinée d'argent.

198. EPÉE d'officier portugais du XVIIIe siècle. Lame de Klinghental, poignée coquille en laiton doré.

199. EPÉE de ville Louis XIV. Garde en bronze ciselé, un quillon manque. Lame signée : *Lagarde à Poitiers*.

200. EPÉE d'officier. Forme d'ordonnance, infanterie Louis XV, laiton doré.

201. Petite RAPIÈRE espagnole. Ciselure du fameux armurier Zuloaga.

202. EPÉE d'officier prussien, époque de Fredéric II. Garde de laiton doré, lame tolédane.

203. EPÉE de magistrat, époque Louis XVI.

204. EPÉE de ville, italienne, du XVIIIe siècle. Poignée ciselée en rocailles, laiton doré ; lame avec incrustations.

205. EPÉE d'enfant, du même genre.

206. Idem. Garde en fer à coquille plate ; damasquinures d'argent.

207. Jolie EPÉE française, époque Louis XVI. Vermeil ciselé, à médaillons ; fin décor de cavaliers galopant, trophés, etc.. fourreau avec ses chapes et bouterolles anciennes.

208. EPÉE d'adolescent Louis XV. Acier ciselé.

209. EPÉE Louis XV. Argent ciselé, travail au repercé. Belle fusée, fourreau en galuchat avec ses garnitures.

210. EPÉE analogue, sauf que le fourreau manque.

211. Idem. Idem.

212. Id., anglaise, époque Louis XVI. Travail à facettes.

213. ÉPÉE anglaise en acier poli, avec applications de perles rivées. Fourreau complet en galuchat et verrouil, signé : *Gray et Son, Bond Street.*

214. ÉPÉE analogue, fourreau cuir et verrouil.

215. Idem. Idem.

216. Idem. Fourreau galuchat et verrouil.

217. Id., Id., le bout du fourreau manque.

218. Id., Sans fourreau, chainette remplaçant la branche de garde.

219. Idem.

220. ÉPÉE française de même époque. Garde d'acier poli.

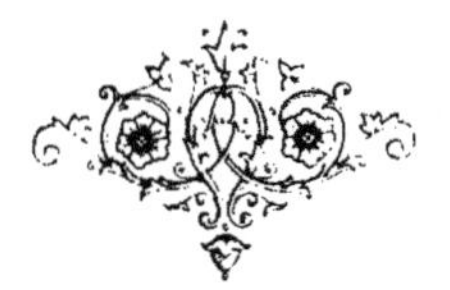

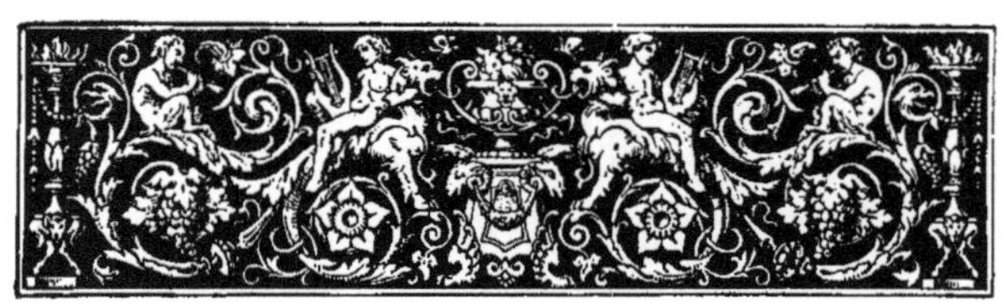

COUTELAS,

COUTEAUX DE CHASSE, DAGUES

221. COUTELAS vénitien. Pommeau en forme de muffle de lion, croisette ciselée avec trophées, fusée en buffle, lame de forme marocaine.

222. COUTEAU de chasse du XVIIIe siècle. Travail javanais, d'après un modèle hollandais, poignée en cuivre tonka, ciselée, bleuie et damasquiné ed'or Fusée d'écaille de tortue, belle lame courbe en damas indien damasquiné d'or avec cette inscription indiquant que l'arme a appartenu à un prince: *pangerana. dipati. seti. adiningrat.* Fourreau avec chape et bouterolle damasquinées

223. COUTEAU de chasse du XVIIIe siècle. Monture bronze. Italien.

223 bis. COUTEAU de chasse français du XVIIIe siècle. Monture d'argent et corne.

224. Id. Pays-Bas. Monture d'argent et ivoire. Louis XV.

225. Id., Pays-Bas. Lame d'Amsterdam, gravée à sujets de chasse, poignée bronze.

226. Id., Id., Louis XVI. Monture corne et argent.

227. Id., Id., Louis XV. Id.

228. Id., Id., Louis XV. Idem, corne et acier, garnitures de fourreau.

229. Id., Id.

230. Grande DAGUE de main gauche du XVIe siècle. Longue lame à pans adoucis, fort talon, orné d'un poinçon à fond de cuivre : lion debout : anneau de garde et quillons infléchis vers la pointe se terminant par des glands, pommeau sphérique. Long. : 0.52.

231. DAGUE savoisienne du XVIe siècle, en fer forgé. Quillons droits striés se terminant par des glands, lame à pans adoucis, la fusée manque.

232. DAGUE française du XVIe siècle. Anneau de garde, quillons renflés aux extrémités et infléchis vers la pointe de l'arme, pommeau à côtes ; Bonne lame à poinçons.

233. DAGUE française. Garde fer à courts quillons.

234. Belle DAGUE du XVIe siècle. Garde à courts quillons droits, avec anneau de garde, damasquinure d'argent. Belle lame à pans évidés et dont le talon est repercé à jours très fins.

235. DAGUE, poignée fer. Jolie lame du XVIe siècle (épée écourtée), cloisons et fragment de légende : *In te sperari. ivan. anto. nio.*

236. DAGUE à rouelle. La rouelle supérieure et la fusée manquent. Pièce de fouille.

237. POIGNARD vénitien du XVe siècle. Pièce de fouille.

238. DAGUE de bravo sicilien du XVIe siècle. Lame triangulaire avec chiffres de 1 à 100, marquant le chiffre des conventions passées entre le praticien et sa clientèle.

239. Petite DAGUE italienne.

240. Id. Id.

241. Id. du XVIe siècle. Double anneau de garde dont l'un perpendiculaire à la lame, l'autre placé dans le même sens. Pièce de fouille.

242. DAGUE analogue. Même provenance.

243. Lourde DAGUE à courts quillons droits. Allemagne XVIe siècle. Fouilles.

244. Petit STYLET vénitien. Id.

245. Id. Pommeau manque. Id.

246. COUTEAU corse. XVIIIe siècle,

247. Petite DAGUE. Idem.

248. Id. Id.

249. FOURREAU de stylet italien. Fer entaillé de crevés. XVIIe siècle.

250. Trousse de cuisine allemande. Cuivre repoussé et platiné. XVIe siècle.

251. Trousse de COUTEAU de lansquenet. Fer repoussé et ciselé. Décor de figures, date : 1663 et initiales L. P.

252. MARTEAU d'armes flamand du xve siècle. La tête forgée à quatre griffes ; crochet aigu à la panne ; à droite de l'arme une pointe ; à gauche, pointe et crochets d'assaut. Haste quadrangulaire à la partie supérieure, fortes palettes d'attache, manche de rencontre.

253. MORGENSTIRN. Sphère de bois dur, hérissée de pointes quadrangulaires, attachée par une chaîne à maillons plats.

254. Idem.

255. Petit FLÉAU d'arme, courte hampe en bois, chainette et masse formée d'un pommeau d'épée à deux mains.

256. MASSE d'armes du xvie siècle. Tête formée de douze ailerons en fer battu, fixée sur une hampe en fer avec goupille de bois.

257. MASSE d'armes. Lourde tête en fer forgé, hampe en fer, avec partie torsadée.

258. MASSE, à huit ailerons, longue douille forgée et hampe en bois.

259. SCORPION. Deux sphères ornées de pointes reliées par de courtes chaînes à une hampe en fer forgé. xviiie siècle. Ciselures à la hampe.

260. Lourde MASSE polonaise. Six ailerons, trois en cuivre, trois en fer, représentant des figures humaines en profil. (Mauvais état).

261. Courte HACHE d'armes, italienne du XVIe siècle. Parties ciselées.

262. Id.. Id..

263. Id.. Id..

264. Id.. Id..

265. Id.. Id.. Aileron découpé, petit talon ferré.

266. HACHE saxonne, à hampe courte, datée 1649.

267. Id. de chef forestier, fer découpé à cloisons, hampe incrustée de plaques d'os gravé.

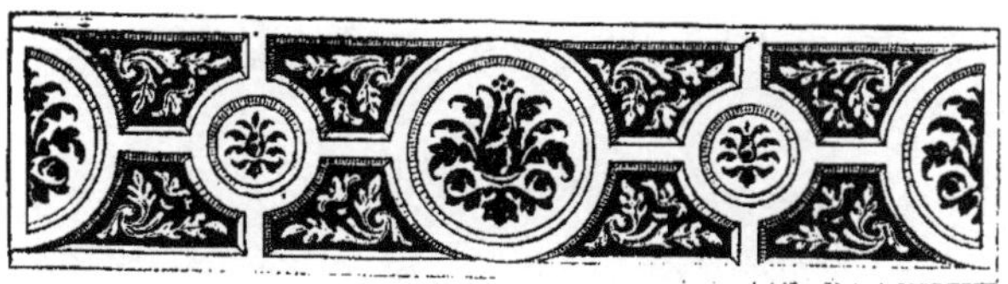

ARBALÈTES

268. Grande ARBALÈTE de confrérie flamande, milieu du XVIe siècle. Arbrier en bois de cerisier, avec incrustations et filets d'os, chariot et cranne-quin fer.

269. Idem.

270. ARME analogue.

271. ARBALÈTE Louis XV, à pied de biche, arbrier sculpté, incrusté d'ivoire et de burgau, cric dit : pied de biche.

272. ARBALÈTE de chasse allemande, du XVIIe siècle, arbrier incrusté de plaques d'os gravées.

273. ARBALÈTE à jalet, crosse en bois plaquée d'os. Poinçon : l'écureuil. XVIIe siècle.

274. Idem. Italienne. Idem, idem.

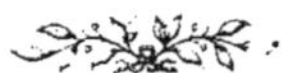

ARMES A FEU & ACCESSOIRES
MORS, ÉTRIERS, ÉPERONS, ETC.

275. MOUSQUET du XVIIe siècle. Batterie à rouet, fût plaqué et fileté d'ivoire. Travail allemand.

276. Idem à mèche, fût fileté de cuivre avec fleurons en burgau.

277. FUSIL de chasse, époque Louis XIV, italien. Platine à rateau, marquetterie.

278. Idem, signé du célèbre armurier de Ratisbonne : Jacob Kuckenreuter, dont le canon porte les poinçons et la signature en damasquine. Bon bois de noyer travaillé en rocailles, garnitures argent finement ciselées.

279. Idem. Signé : De Sainier, arquebusier ordinaire du Roy, Versailles. Belles garnitures platine et argent ciselées en style Louis XV.

280. Petite CARABINE de brigand, démanchant avec crosse à charnière, jolie garniture en acier ciselé signée : *Francesco Francino*. (Naples, commencement du XVIIIe siècle).

281. FUSIL sarde, bois plaqué d'acier ciselé, long canon, platine à rateau. Dégradations.

282, Idem. Idem.

283. FUSIL, Indes néerlandaises. Forme européenne, canon complètement damasquiné, en argent, de fleurons et figures d'un très beau travail.

284. FUSIL arabe, fait en fer avec capucines et applications de laiton. Platine de miquelet.

285. FUSIL annamite, fer et bois.

286. Beau FUSIL turc. Fût piqué de cuivre et plaqué de burgau gravé, belle garniture en vermeil, canon signé : *Lasari : Cominazo*. Pour détente, une topaze incrustée. Très bon travail.

287. Idem. Canon damas turc, damasquiné de fleurs d'argent : crosse et fût richement piqué de cuivre, plaqué d'ivoire blanc et teinté ; belle garniture de vermeil. Platine dite de miquelet.

288. Idem. Décor plus simple ; canon damas turc damasquiné d'argent.

289. FOURQUINE de mousquet du XVIIIe siècle, hampe en bois de Biscaye, talon ferré.

290. Idem, du XVIIe siècle. Les deux dents du fourcheton roulées en volute.

291. PISTOLET d'arçon à rouet. Crosse en bois de palissandre, garniture acier et bronze, doré.

292. Idem. Fine platine ciselée et canon à pans signé : Gio-Lazarino-Cominazzo.

293. PISTOLET espagnol de la fin du XVIe siècle. Platine de miquelet et garniture d'argent ciselé aux insignes de la Santa-Fé, et au chiffre : *Ave Maria.*

294. Paire de PISTOLETS italiens. Fûts en racine de noyer, platines de miquelet, garniture d'acier, signature italienne.

295. Paire PISTOLETS français. Monture acier, canons en acier bleui damasquinés d'or, signés : *Languedoc*, Paris. Époque Louis XV.

296. Id., Id. Monture argent décorée, en ciselure, de trophées d'armes ; canons ciselés haut relief, signature illisible, même époque.

297. Id., Id. Monture acier, canons finement damasquinés d'or, signature : *Simond Jourjon*

298. Id., Id. Monture acier époque Louis XV, travail de Ratisbonne, canons bleuis avec damasquine d'argent.

299. Id., Id. Doubles canons pivotant sur une axe et desservis par un seul chien, monture acier ciselé, signature : H. Barne.

300. Idem, Idem italiens. Monture laiton ciselé, platine et canons damasquinés de cuivre, signature : Antonel.

301. Paire PISTOLETS espagnols. Fûts en racine de noyer, montés d'argent, platine de miquelet, crosse avec boutons ciselés en forme de visages humains, signature : *Luis Santos en Madrid* et marqués au nom : *Putiérez*, date : 1690.

302. Id., Idem de ceinture. XVIIIe siècle, montés en acier. signature : *Jacques Pezenas*.

303. Idem, Idem, commencement du XVIIIe siècle. Jolie monture, laiton ciselé, bois sculptés, poinçonnés à la tête de Roi, fines platines à rateau.

304. PISTOLET à rateau. Monture cuivre.

305. Paire PISTOLETS de poche à deux coups, époque Louis XV. Travail français, monture acier, canons légèrement ciselés et dorés au feu.

306. BRIQUET en forme de pistolet. Monture laiton appliquée d'argent et ciselée, jolie pièce du XVIIIe siècle.

307. CORNET à poudre flamand du XVIIe siècle. Récipient en corne, gravé au trait, avec garniture fer.

308. Idem.

309. Idem.

310. Idem italien. Monture laiton ciselé et doré.

311. CORNET à poudre, bois appliqué d'os, monture fer.

312. Idem. Récipient d'ébène sculpté aux armes de Saxe, monture de fer noirci.

313. Idem. Corne de cerf, gravure représentant un lansquenet portant l'épée et la rondache.

314. BOITE à pulverin. Bois et bronze doré, bas relief découpé et ciselé représentant le *Jugement de Paris*, XVIIe siècle.

315. Idem Idem de mousquetaire, fin du XVIe siècle. Fer et bois marouflé de velours noir.

316. Id. Marouflage de velours grenat.

317. Id. Marouflage de cuir.

318. CORNE à pulvérin. Amorçoir acier doré, clef et tournevis pour arquebuse.

319. POIRE à pulvérin, formant clef d'arquebuse passe-partout. XVIIe siècle.

320. AMORÇOIR en sphéroïde aplati. Ivoire monté en bronze, ouverture en centre. XVIIe siècle.

321. Idem. Décor d'incrustations, formant des rinceaux.

322. Petit AMORÇOIR. Bois de palme, décor sculpté, représentant des chasseurs.

323. Idem. Racine de bruyère, monture d'argent.

324. Grande CORNE à poudre. Bois marouflé de peau de chagrin. Montenegro.

325. ESCARCELLE de chasseur, en peau de chamois, montée en fer. XVIIe siècle.

326. POIRE à poudre. Cuivre gravé, sujets de chasse, travail flamand du XVIIIe siècle.

327. MOULE à dragées et à balles du XVIIIe siècle. Ornée de ciselures, laiton. Pièce rare et originale.

328. Sept CLEFS d'arquebuse du XVIe et XVIIe siècle. Plusieurs intéressantes.

329. Trois PORTE-MOUSQUETON du XVIIe siècle.

330. Deux MONTE-RESSORT, de la même époque.

331. Lot MORS de cheval. Cinq pièces des XVIIe et XVIIIe siècle.

332. ETRIER gothique. Commencement du XVIe siècle. Français, cloisonné.

333. Deux idem., forgé, XVIe siècle.

334. Deux id.

335. Quatre id., du XVIIe siècle.

336. Paire id. id. Travail espagnol.

337. Deux id.

338. Deux id. hispano-arabes. Parois extérieurs de la chape couvre-pied, ornée de fleurons et rinceaux damasquinés d'argent.

339. Belle paire d'ÉTRIERS italiens du commencement du XVIIIe siècle.

340. Id. japonais. Parties ciselées et dorées, champs couverts en damasquine d'argent.

341. Quarante-deux ÉPERONS du XVe au XVIIIe siècle. Plusieurs paires; certaines pièces remarquables. Lot à diviser.

342. Vingt-neuf POINTES de FLÈCHE, de carreaux d'arbalète et de javelot, montés sur panneaux. Au centre, beau fer de lance du XVe siècle dit: fer de Bordeaux, marque : la fleur de lis, en poinçon. Lame en forme de feuille de sauge avec deux arêtes en éperon à la base de la lame et forgées à même la douille.

343. Lot d'ACCESSOIRES d'Epée du XVIe siècle. Ceinturon acier clouté d'étain bouclé d'acier, trois chapes et boutteroles acier noirci, chape de fourreau, ce dernier incomplet. Ce lot très interressant provient de la collection Viollet-Leduc.

343 bis. CANTINE MILITAIRE du XVIe siècle. En fer battu, forme sphéroïdale aplatie, décor de branches en relief appliquées, menottes en fer se rattachant par des gourmettes ; un auberon permet de fermer à cadenas ce récipient qui servait à transporter des aliments chauds. H. : 0.37. Provient de la collection Viollet-Leduc.

344. CAPARAÇON de selle Louis XV. Velours grenat bordé d'argent, deux fontes de pistolet troussées de même.

345 bis. CEINTURON d'épée du XVIe siècle. Cuir avec bossettes et boucles gravées.

345. ÉCHARPE en fil recouvert de métal jadis doré, insigne de commandement militaire du XVIIe siècle.

346. PLAQUES de ceinturon de palikare, bronze coulé et repris en ciselure.

347. Quatre LANCES circassiennes, gravées et damasquinées.

348. Deux TRIDENTS circassiens. Damasquinés.

349. Deux POIGNARDS circassiens. Id.

350. Deux idem. Id.

351. Deux idem. Id.

352. CASQUE circassien. Gravé et damasquiné, timbre conique se terminant par une pointe et proboscides, couvre-nuque et camail, en mailles fer et laiton.

353. MANOPLE et BRASSARD circassien. Gravé et damasquiné.

354. Id. Garniture velours.

355. Id. Id.

356. BATON de commandement servant de masse, en forme de tête de démon. Même pays et même travail.

357. Id. Id. En forme de tête de bœuf.

358. Grande HACHE d'armes circasienne.

359. Id.

360. POIGNARD indien. Parties damasquinées.

361. Deux petits SABRES japonais.

362. HACHE d'indien Sioux. Pierre de touche taillée et polie, sertie à l'aide de liens végétaux, sur un manche de bois dur.

363. Grand BOUCLIER circassien circulaire, avec quatre émisphères saillantes. Travail ornemental de gravure et damasquiné.

364. Petit BOUCLIER. Id.

365. Id., circassien. Peau de buffle, peinte et dorée.

366. BOUCLIER abissinien. En peau de rhinocéros, circulaire avec une sorte d'umbo au centre.

367. Une ARBALÈTE de Sioux avec son carquois et des flèches.

368. Deux ARCS en bois de fer et flèches indiennes.

369. LANCE circassienne damasquinée d'or.

370. JAVELOT indien et sagaye zouloue.

371. Quatre SABRES circassiens, gravés et damasquinés. Lot à diviser.

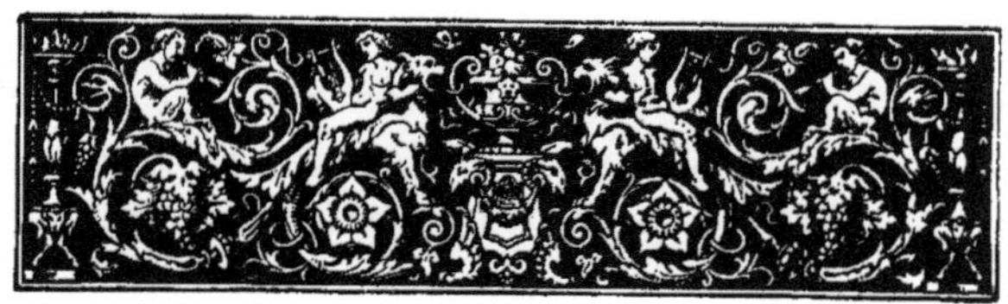

DIVERS

372. Vingt-trois PROJECTILES de frondeur coulés en plomb. *(Gianda Missile)*. Dont neuf portent des inscriptions ou des chiffres : *Roma, Italia, Feri,* etc.

373. COR d'appel congolais. Embouchure transversalle surmontée d'une figure humaine debout. L. : 0.50.

374. CORNET à bouquin du XVIIIe siècle. Corne de buffle représentant, en bas relief, le triomphe de Vénus. Bon travail. Long. : 0.56.

375. COR d'appel, en ivoire. L. : 0.55, monté en laiton.

376. TROMPE de chasse du XVIIe siècle. Laiton embouti, quelques ciselures au pavillon et à l'embouchure; guige primitive en soie, avec glands torsadés de vermeil.

377. TROMPETTE de héraut du XVIIe siècle. Laiton embouti, forme dite thébaine. Haut. : 1.40. Sur le pavillon deux armoiries gravées.

*
* *

378. PLAQUES d'acier damasquinées d'or et d'argent. Cinq plaques finement travaillées. La plus grande mesure 28—20. Une serrure, des crémaillères et des peintures finement gravées accompagnent les plaques. Travail de la 2me moitié du XVIe siècle.

379. Dix CLEFS anciennes, quelques-unes bien travaillées.

380. CLEFS et outils d'accordeur de clavecins. Six pièces intéressantes.

381. BOUCLE de porte, en fer forgé. XVIIIe siècle.

382. Id. Id.

383. FRAGMENT d'une croix processionnelle du XVe siècle. Tige battue en spirale; nœud repoussé en godrons ciselés en réserves et ornés de cabochons en saillie. Belle dorure.

384. RELIQUAIRE italien. Piédouche du XVe siècle à pied fleuronné, beau nœud ciselé, orné de six petites plaquettes, décorées d'émaux de plique, représentant des saints. Au-dessus, formant récipient, un petit édicule. Travail du XVIIe siècle. Bonne dorure. H. : 0.40.

384 bis. Baiser de paix, en bronze doré ; bas relief figurant : le *Christ mort entre la Vierge et St-Jean ;* encadrement architecturale enrichi d'arabesques.

385. Joli RELIQUAIRE français du XVe siècle. Piédouche épaté en fleuron, nœud orné de six miniatures en émail peint. Le récipient se compose d'un petit édicule quadrangulaire, à dispositions architecturales, surmonté de clochetons, flanqué de petites flèches formant contrefort et couronné de crêtes fleuronnées ; parties dorées, parties plaquées d'argent. H. : 0.30.

385 bis. PENDULE de la forme dite : religieuse, bois avec appliques de bronze doré, pans coupés : bonne conservation. H. 0.65. L. : 0.40.

386. PENDULE d'Augsbourg, XVIIe siècle ; en forme de beffroi. Bonne gravure et dorure. H. : 0.26.

387. Petite PENDULE de bureau. Même provenance, décor de ciselures : forme espagnole, cadran d'argent.

388. GARGOUILLE d'une fontaine, en forme de muffle d'animal chimérique. Fonte walonne du XVIIIe siècle. H. : 0.10.

389. SABLIER vénitien du XVIIe siècle. Etain appliqué d'argent, décor de fleurs de lis et de lignes rompues. H. : 0.12.

390. Petit VASE à parfum, vénitien, du XVIe siècle Bronze gravé et appliqué d'argent. H. : 0.13.

4

391. Petit VASE cylindriquée, en bronze ciselé et appliqué d'argent. H. : 8.

392-393. Deux ENCENSOIRS bronze. L'un du xve siècle, l'autre du xviie.

394. BRONZE renaissance. Statuette de Bachus, tête de chenêt vénitien.

395-396. Deux STATUETTES bronze.

397. LOT d'objets. Bronze et fer, hors catalogue. Quelques pièces de fouille, mortiers en bronze, plaquettes diverses, débris, etc., etc.

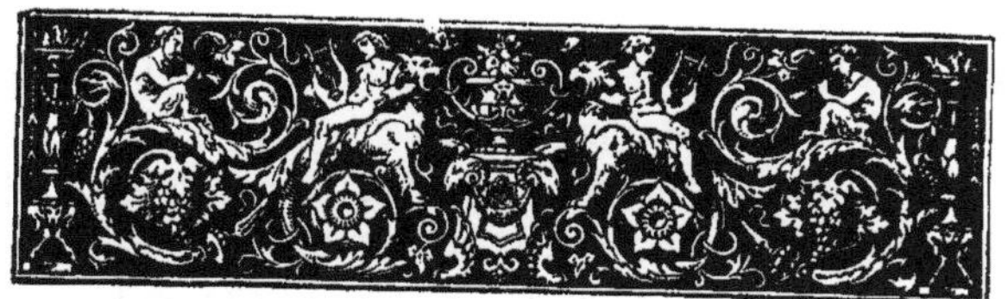

ARGENTERIE

398. Grande et belle CAFETIÈRE en argent battu et ciselé, fin d'époque Louis XVI. Le récipient du vase est complètement battu en godrons disposés perpendiculairement. Le col également godronné est orné de bandes courantes d'ornements. Le couvercle a, pour fretel, un joli groupe ciselé représentant un dieu marin. Tubulure en forme de tête d'hypocampe, une Sirène et un Dauphin forment les deux points d'insertion de l'anse en bois d'ébène. Poids net : 1650 gr. Haut. : 36 cent.

399. THÉIÈRE, même ornementation ; pour fretel, au couvercle, un amour monté sur un Dauphin. P. : 883. H. : 18 cent.

400. SUCRIER. Sur le récipient belle frise ciselée représentant les chars marins de Neptune et d'Amphitrite, rinceaux découpés formant des bandes ornementales. Pour anses, deux Sirènes, pour piédouche Neptune et Amphitrite embrassés. Comme fretel, au couvercle, un Mercure courant. P. : 1217. H. : 32 cent· Id.

∴

401. Paire CHENETS. Fer forgé, du XVIe siècle, d'un bon travail, têtes en bronze poli. H. : 0.72.

MEUBLES, CÉRAMIQUES, SCULPTURES, DIVERS

402. COMMODE Louis XV, plaquée de bois de rose, ventre renflé, pans cintrés, pieds de biche, deux tiroirs, bons cuivre, plaque en marbre jaune antique.

403. CASSONE en sapin, décorée de peintures. Pièce du XVIe siècle.

404. Idem. en chêne. Bas reliefs très décoratifs. Id.

405. Idem. Idem.

406. STATUE en bois sculpté, doré et polychromé, de la fin du XVe siècle. Sainte tenant en main une flèche. H. : 1.50.

407. Id. id. tenant en main un agneau ; un ange est en prière à ses pieds. Même hauteur.

408. STATUETTE, Sainte-Catherine. Bois de chêne, bon travail flamand, de la 1re moitié du XVIe siècle. Haut. : 0.50.

409. Idem. Bois de chêne ; femme tenant une cruche, costume et facture du XVIe siècle. H. : 0.60.

410. Idem. Sainte Femme pleurant. Même époque. H. : 0.50.

411. GROUPE bois sculpté. La conversion de St-Paul, H. : 0.50. L. : 0.45.

412. PANNEAU en bois incrusté, fin du XVIe siècle. *La conversion de St-Paul,* paysage largement traité et figures dans le goût de J. Romain.

413. Deux PORTE-CIERGE de procession, vénitiens, du XVIe siècle. Bois sculpté et polychromé.

414. PORTE de tabernacle, en bois sculpté, doré et polychromé. Travail français du XVe siècle. Ferrures anciennes. Mesure 85—30 larg.

415. PANNEAU décoratif, italien, du XVe siècle. Pâte sous toile gauffrée, d'après un bas-relief de Donatello. : La vierge à l'enfant. M. : 55—38.

416. PANNEAU brodé, du XVIIIe siècle. Saint-Joseph entouré d'un cadre de rocailles et fleurs ; cadre en bois sculpté et doré, ovale. H. : 60—50.

417. Petit ENCADREMENT de tabernacle, deux anges en prière accostent une baie où tournait un volet. Émaillage polychrome. Ecole d'Andrea Della Robbia. H. : 0.50. L. : 0.34.

418. Belle PLAQUE en faïence de Lucca Della Robbia, représentant, en polychromie, une vierge à l'enfant, beaux émaux et très beau modelé. Quelques restaurations. H. : 0.50. L. : 0.22.

419. GROUPE bas-relief en albâtre, du commencement du XIVe siècle : L'Étable de Béthléem et l'Adoration des Mages. 40—22.

420-421. Deux petits BAS-RELIEFS en terre cuite de Nini. Angelots assis dans des nuées.

422. Petite COLLECTION de céramique, faïences de Moustiers, d'Urbino et Caffagiolo. Porcelaines de Saxe, Nymphemburg, Japon, Chine, etc. Assiettes, plats, pichets, groupes, etc. Une cinquantaine de pièces anciennes.

423. Dix BRIQUES de revêtement du XIVe siècle, terre cuite peinte en détrempe de portraits, médaillons et ornements d'un type archaïque ; quelques devises. Chaque pièce mesure 17—34.

423bis. ENCADREMENT de rétable en pierre d'Istria sculptée. Beau fronton architectural, soutenu par deux pilastres décorés d'arabesques. Renaissance italienne d'un beau style. H. : 1.60 — 0.90.

424. GROUPE en chêne, sculpté en ronde bosse. Beau travail du XVIIIe siècle. La Vierge portée par des anges. H. : 0.80.

425. Trois grands PANNEAUX gothiques formant le dossier d'une stalle.

426. Quatre PANNEAUX d'époque Renaissance. Style François Ier. Travail du centre de la France. Décor d'arabesques.

427. Quatre PANNEAUX gothiques d'un bon travail.

428. Six PANNEAUX Renaissance, travail normand.

429. Deux PANNEAUX Renaissance, avec figures.

430. Trois PANNEAUX gothiques, deux Renaissance.

431. Quelques PANNEAUX dépareillés.

432. Deux PANNEAUX gothiques à jour.

ÉTOFFES

433. Grande PIÈCE de FILET, broderie par caissons et larges frises ornementales d'un large et riche dessin. Travail de la fin du XVIe siècle 2.60—1.80.

434. COUPON de filet brodé. 1.20—0.85.

435. COUVRE-LIT. 1.20—1.50.

436. Grande PIÈCE de FILET brodé ornée de sujets religieux, vases de fleurs, etc. Bon travail. 3.20—0.45.

437. BANDE du même genre sur fond bleu. 3.20—0.45.

438. BANDE de FILET brodé; fond rouge, XVIIIe siècle. 0.10—0.30.

439. Idem, fond vert, XVIIIe siècle. 0.80—0.28.

440. Idem, fond bleu, XVIIIe siècle. 0.70—0.25.

441. COUVRE-LIT en point coupé avec dentelle, fond rouge, XVIe siècle. 1.60—1.50.

442. FILET brodé, fond rouge. 1.35—0.18.

443. BANDES brodées avec filet. Fond vert. 0.80—0.60.

444. Deux pentes VELOURS de Gênes avec galons et franges d'argent fin. 1.20—0.44.

445. Deux pentes en VELOURS de Gênes avec galons et franges d'argent fin. 1.80—0.44.

446. Deux pentes en BROCART tissé d'or et de soie sur fond rouge. Travail du XVIIIe siècle, franges d'or. 1.60—0.40.

447. Deux autres idem. 1.30—0.40.

ÉTOFFES, TAPISSERIES

Collection très variée et très étendue de belles étoffes anciennes

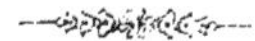

448. Fixées sur toile, ces pièces d'un extrême intérêt et d'une grande variétés de dessins et travail, seront vendues par lots, conformément à la spécification jointe ci-après :

A *Toile longue de 6 mètres. Haut.* 1.40. Contenant 30 échantillons.

xive siècle. Brocarts siciliens.

xve Id. Velours rouge, or bouclé ; velours rouge sur rouge ; damas rouges.

xvie Id. Velours et soies.

xviie Id. Velours de Gênes.

B Toile longue 3.09. Haut. 1.40. 18 échantillons.

C Toile longueur 8.50. Haut. 1.40. 28 échantillons velours de Gênes et de Venise. Soieries tissées d'or.

D Toile longueur 3 m. Haut. 1.40. Soieries décorées de paysages, chinoiseries, etc. 14 échantilons.

E Toile longueur 3 m. Haut. 1.40. Grands dessins du XVIe siècle. 8 échantillons.

F Toile longueur 2.80. Haut. 1.40. Dessins symétriques des XVIe et XVIIe siècles. 15 échantillons.

G Toile longueur 5.20. Haut. 1.40. Brocards, brocatelles et autres soieries des XVIIe et XVIIIe siècle.

H Toile longueur 1.80. Haut. 1.40. Morceau de robe brochée d'argent, dessins à rayures, 7 échantillons.

I Toile longueur 0.60. Haut. 1.40. Soieries époque Louis XVI. 5 échantillons.

149. FRAGMENT de tapisserie du commencement du XVIe siècle. Sujet : un des neuf preux, probablement Charlemagne. Un blason accompagne cette figure d'allure très pittoresque. Long. : 1.20 Haut. : 1.90.

150. TAPISSERIE d'époque Louis XII. Travail flamand. *Sujet : Le Règne de l'Amour.* Cupidon, les yeux bandés, tire de l'arc. Il plane au-dessus d'une brillante assemblée de seigneurs et de dames en costume de grand apparat. Long. : 0.90. Haut. : 2.90.

151. FRAGMENT de tapisserie de la fin du XVe siècle. Sujet : Assemblée populaire ; quantité de personnages dans des costumes et des attitudes pittoresques. Il manque, à droite, une partie de

cette tapisserie, exécutée en un tissu très fin. Les bordures sont très intéressantes. Mesure : Long. : 4 m. Haut. : 2.60.

452. TAPISSERIE du commencement du XVe siècle. Sur un fond vert, à deux tons, imitant une étoffe tissée, se détachent des figures d'enfants tenant une couronne de fleurs, et servant d'entourage à un écusson placé au centre. Belles bordures. Mes. : Long. : 4 m. Haut. : 2.60.

453. TAPISSERIE du commencement du XVIe siècle, Sujet : *Le songe de Jacob.* Il manque à ce fragment d'un intéressant dessin, environ 80 cent. à la partie supérieure. L'ensemble est en médiocre état, mais les bordures, complètes au bas et en hauteur, sont d'un bel aspect. Long. : 3.20. Haut. : 1.60.

PIÈCE tissée du XV siècle. Long. : 1.40. Haut. : 1.20.

454. FRAGMENT de tapisserie de la fin du XVe siècle, faisant partie de la série existant au musée de Cluny et connue sous le nom de *tapisserie à la Licorne.* N° 6491 du catalogue. Laine jaune et rouge, avec riche décor de vases de fleurs : ostensoirs, colombes affrontées. A la partie supérieure l'inscription : FABI—IBVⅎ mainte fois répétée et formant une ligne décorative. Sur une autre ligne répétition des lettres, MFR—ꓤℲW. La parenté de ce fragment avec les tapisseries de Cluny si haut prisées, est incontestable. Mesure : Long. : 1 20. Haut. 2.20.

455. Suite de trois belles TAPISSERIES de Beauvais, datant du règne de Louis XII.

A Mesure : Haut. 3.90. L. 3.45. ALLÉGORIE : *Folle outrecuidance* veut briser à coups de marteau le globe terrestre placé dans un des plateaux d'une balance. Près d'elle, se tient *Temptation*, un filet est dressé au-dessus de sa tête. Dans l'autre plateau de la balance, l'on voit un livre de prières, un phylactère et d'autres accessoires. *Justice*, sur le premier plan, perce la langue de *Blasphème*. *Charité* et *Miséricorde* cherchent à incliner de leur côté le fléau de la balance. *Cœur Delleal* cherche à convaincre *Obstination*. Enfin, une partie de jeu est engagée entre *Det* et *Caret*. Les personnages en riches et pittoresques costumes, sont accompagnés de phylactères portant leurs noms. L'aspect général de cette tapisserie et des suivantes, bien conservées et complètes, est riche et pittoresque. A la partie supérieure on lit :

On void. régner. blasphème. en. tous états.
Pippeurs. tropeurs. et d'aultres gens. ung. tas.
Cœur Delleal et fol. outrecuidâce
Dôt le môde est. de fines en ballâce.

B Mesure : Haut. : 3.90. Larg. : 3..45. *Ire divin*, l'ange chargé des décrets du Ciel en courroux, frappe à grands coups de cognée un arbre aux rameaux duquel le globe terrestre est pendu par un fil. *Église*, *Oraison* et *Abstinence* à genoux, implorent la miséricorde divine. *Vanité*, au premier plan se mire ; *Fol amour,* une dame en riche costume caresse *Josnesse.* Une orgie réunit autour d'une table, *Friandise* et *Appétit* désordonné. Une jeune femme étalant des pièces d'or et un écrin excite *Mendiant* à *Convoitise.*

Légende :

Le môde pend à ung fil seulement
Mais léglise pacific humblement.
Par. les. péchiés. quô. void. present regner
Le. ire. divin. voillant. le. arbre. copper.

C Haut : 5.90. Larg. : 2.90. *Vanyté,* tronant sur un char, tient le monde entre ses mains. *Amour divin,* arrête les chevaux et cherche à les détourner du mauvais chemin. *Humilité,* attaque *Jactance* et lutte avec elle. *Hipocrisie* lutte avec *Chasteté,* enfin *Dévotion* perce de flèches *Fol amour* et *Josnesse.*

Légende :

Par. vanyté. et. aultres. ses. soudards.
Mais rencôtres est de piques et dars.
Est. pourmené. le monde. follement.
De humilité quy le assault vaillament.

⁂

456. Belle GARNITURE de salon, en tapisserie d'Aubusson, Louis XVI, consistant en :

Deux portières, deux lambrequins, deux garnitures de canapé, six idem de fauteuils, quatre idem de chaises, une idem de bergère.

457. Une CROIX de chasuble gothique, beau décor, au type du Chardons ; une Vierge à l'Enfant au centre, la branche de dessus manque.

458. Partie de soie Louis XIV.

459. LIVRE d'heures du XVe siècle, flamand. Velin, mesurant 20—14, calligraphie bien exécutée, douze petites miniatures finement traitées, une feuille pleine, représentant les apôtres saint Pierre et saint Paul, nombreuses lettrines ornées. 114 feuillets. Bon état, reliure veau fauve du XVIe siècle.

460. ÉVENTAIL Louis XV, ivoire décoré à la gouache, décor de figures sur les deux faces, parties décorées en or ciselé en relief ; autres parties vernis Martin. Jolie exécution. Bonne conservation.

461. CARNET de dame, Louis XV, peau de chagrin, monture en argent ciselé. Sujets : fleurs et animaux.

TABLEAUX

462. Th. CÉRIEZ. *La bonne pipe*. Mousquetaire fumant assis dans un fauteuil. Bois. 0.40—0.30.

463. DU MÊME. *Le choix d'une épée*. Un cavalier en costume Louis XIII essaye des rapières dans l'atelier d'un fourbisseur. Bois. 0.45—0.30.

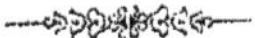

www.ingramcontent.com/pod-product-compliance
Ingram Content Group UK Ltd.
Pitfield, Milton Keynes, MK11 3LW, UK
UKHW021313190726
13839UKWH00007B/1213

9 782329 522845